Sua Santidade, o

Dalai-Lama

O CAMINHO DA TRANQÜILIDADE

SEXTANTE

tradução: Maria Luiza Newlands Silveira e Márcia Cláudia Alves
preparo de originais: Regina da Veiga Pereira
revisão: Masé Sant'Anna, Sérgio Bellinello Soares e Sheila Til
projeto gráfico e diagramação: Valéria Teixeira
capa original: Raul Fernandes
adaptação de capa: Miriam Lerner
pré-impressão: ô de casa
impressão e acabamento: Cromosete Gráfica e Editora Ltda.

CIP-BRASIL. CATALOGAÇÃO-NA-FONTE
SINDICATO NACIONAL DOS EDITORES DE LIVROS, RJ

D138c Dalai-Lama, 1935-
O caminho da tranqüilidade / Sua Santidade, o Dalai-Lama [tradução de Maria Luiza Newlands Silveira e Márcia Claudia Alves]. – Rio de Janeiro: Sextante, 2008.

Tradução de: The path to tranquility
ISBN 978-85-7542-399-8

1. Devoções diárias – Budismo. 2. Meditações budistas. I. Título.

CDD 294.3443
08-1736 CDU 294.3

GMT Editores Ltda.
Rua Voluntários da Pátria, 45 – Gr. 1.404 – Botafogo
22270-000 – Rio de Janeiro – RJ
Tel.: (21) 2286-9944 – Fax: (21) 2286-9244
E-mail: atendimento@esextante.com.br
www.sextante.com.br

Conheça outros títulos da Coleção *Auto-estima*

365 mensagens de sabedoria e compaixão e *Uma ética para o novo milênio,* de Sua Santidade, o Dalai-Lama

A arte da meditação, de Daniel Goleman, Ph.D.

A arte da prudência, de Baltasar Gracián

A arte de viver, de Sharon Lebell

A cura através da terapia de vidas passadas e *Os espelhos do tempo,* de Brian Weiss

A essencial arte de parar, de David Kundtz

Aprendendo a conviver com quem se ama, de Neale Donald Walsch

Conversando com os espíritos e *Em busca da espiritualidade*, de James Van Praagh

Cultivando a saúde do corpo e da mente, *Meditações para a manhã e para a noite*, *O poder das afirmações positivas* e *Pense positivo todos os dias*, de Louise Hay

Descobrindo a alegria de viver, de Salle M. Redfield

Espiritualidade, de Leonardo Boff

Faça o seu coração vibrar, de Osho

Histórias para aquecer o coração, de Jack Canfield, Mark V. Hansen e Heather McNamara

Histórias para aquecer o coração das mães, de Jack Canfield, Mark V. Hansen, Jennifer Read Hawthorne e Marci Shimoff

Histórias para aquecer o coração dos adolescentes, de Jack Canfield, Mark V. Hansen e Kimberly Kirberger

Histórias para aquecer o coração dos pais, de Jack Canfield, Mark V. Hansen, Jeff Aubery e Mark & Chrissy Donnelly

Lições sobre amar e viver, de Morrie Schwartz

Não deixe para depois o que você pode fazer agora, de Rita Emmett

O outro lado da vida, de Sylvia Browne e Lindsay Harrison

Pequenos milagres, de Yitta Halberstam e Judith Leventhal

Praticando o Poder do Agora, de Eckhart Tolle

Harrison,

Querer bem
não é somente desejar
boas coisas, estar perto
se preocupar.
Querer bem é também
trilhar junto um
caminho que muitas vezes
se unirá e separará
mas sempre nos levará
a algum lugar.
Nossos sonhos!

Beijo
Feliz Aniversário!!!
Graciela Landwoigt
Natal,
2009

Prefácio

Todos nós, seres humanos, queremos ser felizes e evitar o sofrimento.

De acordo com a minha limitada experiência, se quisermos conseguir isso, é de grande valia a capacidade de cultivar e manter um estado de espírito positivo. Segundo a tradição budista a que pertenço, um dos meios mais eficazes de fazê-lo é praticando a meditação.

Embora a meditação possa algumas vezes significar sentar-se em uma determinada posição especial e silenciar a mente, pode também envolver a constante familiarização com pensamentos positivos. Por isso temos o hábito de ler e recitar os textos dos livros sagrados e das orações.

No correr de muitos anos, um pequeno livro intitulado *Oito poemas para treinar a mente* tem sido para mim uma grande fonte de inspiração. Contém muitos conselhos úteis, recomendando sempre considerar as pessoas mais importantes do que nós mesmos, enfrentar e lutar contra as emoções perturbadoras que põem em risco nossa paz de espírito, abrir mão, em prol dos outros, de todos os benefícios que surgirem e assumir pessoalmente quaisquer dificuldades que ocorram.

Este livro inclui citações cotidianas selecionadas de meus próprios escritos e de trabalhos de minha autoria já publicados.

Com toda a humildade, rezo para que os leitores possam encontrar nestas palavras alguma inspiração para desenvolver aquela generosa paz de espírito que é a chave da felicidade duradoura.

SUA SANTIDADE, O DALAI-LAMA

26 de fevereiro de 1998

Gostaria de agradecer sinceramente, em nome dos tibetanos, expatriados ou não, aos nossos seguidores e amigos.

Estamos atravessando um período de imensos sacrifícios e sofrimentos nunca antes experimentados pelo nosso povo.

O carinho, o apoio e a ajuda que as pessoas de todo o mundo e, em especial, da Índia nos têm concedido serão para sempre lembrados e farão parte do registro de nossa história.

Que eu possa ser em todos os momentos, agora e sempre, um protetor para os desprotegidos, um guia para os que perderam o rumo, um navio para os que têm oceanos a cruzar, uma ponte para os que têm rios a atravessar, um santuário para os que estão em perigo, uma lâmpada para os que não têm luz, um refúgio para os que não têm abrigo e um servidor para todos os necessitados.

Se você quer transformar o mundo, experimente primeiro promover seu aperfeiçoamento pessoal e realizar inovações em seu próprio interior.

Essas atitudes se refletirão em mudanças positivas em seu ambiente familiar. Desse ponto em diante, as mudanças se expandirão em proporções cada vez maiores.

Tudo o que fazemos produz efeito, causa algum impacto.

A tarefa do homem é ajudar os outros.

Esse é meu ensinamento mais constante, é minha mensagem. É minha crença.

Para mim, a questão fundamental é estabelecer melhores relacionamentos, sobretudo entre as pessoas – e a forma como podemos contribuir para isso.

O exílio, de alguma forma, serviu-me de ajuda.

Quando, em determinado momento de nossas vidas, passamos por uma tragédia de verdade – o que pode acontecer a qualquer um de nós –, podemos reagir de duas maneiras diferentes.

Evidentemente, uma delas é perdermos as esperanças ou nos entregarmos ao álcool, às drogas ou a uma tristeza interminável.

A outra opção é o despertar de nós mesmos, é descobrir uma energia que estava escondida e passar a agir com mais lucidez e mais força.

Uma grande questão sublinha a nossa experiência, quer a examinemos conscientemente ou não: qual é o propósito da vida?

Desde o nascimento, todo ser humano almeja a felicidade e foge da dor. Não existem condições sociais, níveis de educação ou ideologias que alterem esse fato.

Do fundo de nosso ser, simplesmente desejamos ter contentamento. Portanto, é importante descobrir o que nos pode trazer o mais alto grau de felicidade.

Se existe amor, há também esperança de existirem verdadeiras famílias, verdadeira fraternidade, verdadeira igualdade e verdadeira paz.

Se não há mais amor dentro de você, se você continua a ver os outros como inimigos, não importa o conhecimento ou o nível de instrução que tenha, não importa o progresso material que alcance, só haverá sofrimento e confusão no cômputo final.

O homem vai continuar enganando e subjugando outros homens, mas insultar ou maltratar os outros é algo sem propósito.

O fundamento de toda prática espiritual é o amor.

Que vocês o pratiquem bem é meu único pedido.

Determinação, coragem e autoconfiança são fatores decisivos para o sucesso. Não importa quais sejam os obstáculos e as dificuldades.

Se estamos imbuídos de uma inabalável determinação, conseguiremos superá-los.

Independentemente das circunstâncias, devemos ser sempre humildes, recatados e despidos de orgulho.

Seria muito mais produtivo se as pessoas procurassem compreender seus pretensos inimigos.

Aprender a perdoar é muito mais proveitoso do que simplesmente pegar uma pedra e arremessá-la contra o objeto de sua ira.

Quanto maior a provocação, maior a vantagem do perdão. É quando padecemos os piores infortúnios que surgem as grandes oportunidades de se fazer o bem, a si e aos outros.

A agressão é uma tendência que faz parte do nosso íntimo. Por isso temos de lutar contra nós mesmos.

Homens criados em ambientes estritamente não-violentos às vezes acabam se transformando nos mais terríveis sanguinários, o que prova que a semente da mais insana agressividade mora nas profundezas de cada um de nós. Mas nossa verdadeira natureza é, de modo geral, pacífica.

Todos nós conhecemos as agitações da alma humana, que está sujeita a imprevistos assustadores. Mas essa não é sua força dominante.

É possível e necessário dominar a agressividade.

O que mais nos incomoda é ver frustrados nossos sonhos. Mas permanecer no desânimo não ajuda em nada na concretização desses sonhos.

Quando ficamos assim, nem vamos em busca dos sonhos nem recuperamos o bom humor!

Esse estado de confusão, propício ao crescimento da ira, é muito perigoso. Temos de nos esforçar e não permitir que nossa serenidade seja perturbada.

Quer estejamos vivenciando um grande sofrimento ou já o tenhamos experimentado, não há razão para alimentarmos o sentimento de infelicidade.

É muito importante que o homem tenha ideais. Sem eles, não se vai a parte alguma.

No entanto, é irrelevante alcançá-los ou não. É apenas necessário mantê-los vivos e procurar atingi-los.

A felicidade é um estado de espírito.

Se sua mente ainda estiver num estado de confusão e agitação, os bens materiais não lhe vão proporcionar felicidade.

Felicidade significa paz de espírito.

Compreendo o significado de "uma pessoa aberta" como igual ao de "uma porta destrancada": pode ser aberta facilmente, sem problemas.

"Livre" quer dizer o mesmo. Uma pessoa livre e aberta, quanto mais absorve novas idéias, mais se entusiasma em passá-las adiante.

Dessa forma, as pessoas se ajudam mutuamente, o que é muito útil e bastante necessário, sobretudo nos dias de hoje.

É através da arte de escutar que seu espírito se enche de fé e devoção e que você se torna capaz de cultivar a alegria interior e o equilíbrio da mente.

A arte de escutar lhe permite alcançar sabedoria, superando toda ignorância. Então, é vantajoso dedicar-se a ela, mesmo que isto lhe custe a vida.

A arte de escutar é como uma luz que dissipa a escuridão da ignorância.

Se você é capaz de manter sua mente sempre rica utilizando-se da arte de escutar, não tem o que temer.

Esse tipo de riqueza jamais lhe será tomado. Esse é o maior dos bens.

Fale a sua verdade, seja ela qual for, clara e objetivamente, usando um tom de voz tranqüilo e agradável, liberto de qualquer preconceito ou hostilidade.

Que o olhar lançado sobre os seus semelhantes esteja repleto de ternura: afinal, é graças a eles que você irá chegar a Buda.

É preciso compreender que a afeição de que falo é gratuita, praticada sem intenção de receber algo em troca. Não é uma questão de sentimento.

Da mesma forma, dizemos que a verdadeira compaixão é livre de vínculos. É preciso atenção a esse princípio, pois ele vai de encontro à nossa maneira habitual de pensar.

Não é este ou aquele caso em especial que estimula a nossa piedade. Não escolhemos esta ou aquela pessoa como objeto de nossa compaixão.

A compaixão é despertada espontaneamente, é incondicional, sem qualquer expectativa de vir a receber algo em troca. E é de alcance universal.

Sentir compaixão não é o bastante. É preciso agir.

A ação pressupõe dois momentos: o primeiro é quando vencemos as distorções e aflições de nossa própria mente, aplacando ou até mesmo nos livrando da raiva. Esse momento é fruto da compaixão. O segundo é de caráter social, de âmbito público.

Quando alguma atitude precisa ser tomada para corrigir erros neste mundo e a pessoa está sinceramente preocupada com seus semelhantes, então tem de se engajar, se envolver.

Quando estiver praticando a caridade, faça-o com alegria e com um semblante radiante. Devemos praticar a caridade com um sorriso no rosto e otimismo no coração.

Quando sua ajuda aos semelhantes é fruto de motivação e preocupação sinceras, isso lhe traz sorte, amigos, alegrias e sucesso.

Se você desrespeita os direitos dos outros e descuida-se do bem-estar alheio, acabará imensamente solitário.

A essência de toda vida espiritual é a emoção que existe dentro de você, é a sua atitude para com os outros.

Se sua motivação é pura e sincera, todo o resto vem por si.

Você pode desenvolver essa atitude correta para com seus semelhantes baseando-se na bondade, no amor, no respeito e sobretudo na clara percepção da singularidade de cada ser humano.

Faça de seu corpo e de seu espírito um laboratório de experiências. Empenhe-se em uma pesquisa profunda a respeito de seu próprio funcionamento espiritual e examine as possibilidades de fazer mudanças positivas em seu interior.

Nosso propósito não deve ser prejudicado pelas oito preocupações mundanas: ganho ou perda, prazer ou dor, elogio ou crítica e fama ou infâmia.

Se uma pessoa tem um real e profundo interesse em crescer espiritualmente, a prática da meditação é imprescindível, é a chave para isso. Somente orações ou o simples desejo não influenciam de modo significativo a mudança espiritual interior.

A única forma de desenvolvimento é um esforço constante através da meditação. É claro que, no início, isso não é fácil. Surgem dificuldades inesperadas, às vezes há perda de entusiasmo. Ou talvez o entusiasmo inicial seja excessivo e diminua progressivamente com o passar das semanas ou meses.

É preciso elaborar uma abordagem persistente, constante, baseada em um compromisso de longo prazo.

A mente pode e deve transformar-se para melhor. Pode livrar-se das impurezas que a contaminam e alcançar o nível mais elevado.

Todos começamos com as mesmas aptidões, mas algumas pessoas as desenvolvem, outras não.

Nós nos acostumamos com facilidade à preguiça da mente, sobretudo porque muitas vezes ela se esconde sob a aparência de atividade: corremos de um lado para outro, fazemos cálculos e damos telefonemas.

No entanto, tudo isso ocupa apenas os níveis mais ordinários e elementares da mente. E oculta o que existe de essencial em nós.

Uma das coisas que aprendemos com a meditação, quando mergulhamos lentamente dentro de nós mesmos, é que a noção de paz já existe em nós.

Todos a desejamos profundamente, mesmo que esse desejo esteja muitas vezes oculto, disfarçado, distorcido.

Se examinarmos a natureza humana com cuidado, veremos que é boa, bem-intencionada, solícita.

E parece-me que hoje em dia o espírito de harmonia está aumentando, que nosso desejo de viver unidos e com tranqüilidade está ficando cada vez mais forte, cada vez mais difundido.

A preguiça interrompe o progresso de nossa prática espiritual.

Podemos ser ludibriados por três formas de preguiça: a que se manifesta como indolência, que é o desejo de adiar; a que se manifesta como sentimento de inferioridade, que é duvidar da própria capacidade; e a que se manifesta com a adoção de atitudes negativas, que é dedicar um esforço excessivo àquilo que não é virtude.

Uma criança precisa crescer de modo a transformar-se em um jovem bem-proporcionado, mas esse crescimento leva tempo. Não acontece da noite para o dia. Da mesma forma, a transformação e o aperfeiçoamento da mente também levam tempo.

Hoje em dia há lugares em que se promove o crescimento acelerado de animais, como porcos, aves e bovinos, por meio de certos tipos de injeções. Depois, esses animais são mortos e consumidos. É uma prática negativa que, de certo modo, também afeta o ser humano.

Quando falamos de prática espiritual, é igualmente impossível injetar certas qualidades na mente para obter sua transformação imediata.

Se a pessoa tem uma base espiritual estável, não se deixará dominar pela sedução da tecnologia ou pela insanidade que é o desejo desenfreado de possuir bens materiais.

Essa pessoa saberá encontrar o equilíbrio sem querer demais e sabendo valorizar o que já tem: "Tenho esta filmadora, é o bastante, não preciso de outra."

O perigo constante é abrir a porta para a ganância, um de nossos inimigos mais incansáveis.

É aí que se deve pôr em prática o verdadeiro trabalho da mente.

Quando conseguimos criar um ambiente espiritual através de rituais e obediência a certas regras, estes procedimentos têm um poderoso efeito sobre nossas vidas.

Se nos falta a dimensão interior necessária para a desejada experiência espiritual, então os ritos tornam-se meras formalidades, artifícios externos. Perdem o sentido e transformam-se claramente em hábitos dispensáveis, servindo apenas como passatempo.

Creio que há uma importante distinção a ser feita entre religião e espiritualidade. Julgo que a religião esteja relacionada aos ensinamentos ou dogmas religiosos, rituais, orações e assim por diante.

Considero que a espiritualidade esteja relacionada àquelas qualidades do espírito humano – tais como amor e compaixão, paciência, tolerância, capacidade de perdoar, contentamento, noção de responsabilidade, noção de harmonia – que trazem felicidade tanto para a própria pessoa quanto para os outros.

É por isso que às vezes digo que talvez se possa dispensar a religião. O que não se pode dispensar são essas qualidades espirituais básicas.

Se todos os dias nos analisarmos com cuidado e atenção, verificando nossos pensamentos, nossas motivações e suas manifestações no comportamento externo, abriremos em nosso íntimo uma boa possibilidade de fazer mudanças e de efetuar um aprimoramento pessoal.

Embora eu próprio não possa afirmar com toda a convicção que tenha feito algum progresso notável no decorrer dos anos, meu desejo e minha determinação de mudar e melhorar são sempre firmes.

Desde o momento em que acordo até a hora de dormir e em todas as situações da minha vida, sempre tento analisar minhas motivações e ser meticuloso e atento a cada momento.

Pessoalmente, acho que isso é de grande utilidade para minha vida.

Comprometer-se com atividades virtuosas é um pouco como criar uma criança pequena. Há uma grande quantidade de fatores envolvidos. E, principalmente no começo, precisamos ser prudentes e habilidosos em nossas tentativas de transformar nossos hábitos e temperamentos.

Também temos de ser realistas a respeito daquilo que esperamos conseguir. Levou muito tempo para ficarmos do jeito que somos, e não se mudam hábitos da noite para o dia. É bom olhar para cima à medida que se progride, mas é um engano julgar nosso comportamento utilizando o ideal como padrão.

Por isso, é muito mais eficaz, em vez de alternar breves rompantes de esforço heróico com períodos de relaxamento, trabalhar com constância, como um rio fluindo em direção a um objetivo de transformação.

A prática da paciência traz uma estabilidade emocional que não só nos faz mais fortes mental e espiritualmente como mais saudáveis fisicamente. Sem dúvida atribuo a boa saúde de que desfruto a uma mente em geral calma e serena.

Entretanto, o benefício mais importante da paciência consiste em sua ação como um antídoto poderoso ao mal da raiva, a maior ameaça à nossa paz interior e, conseqüentemente, à nossa felicidade. A paciência é o melhor recurso de que dispomos para nos defender inteiramente dos efeitos destrutivos da raiva.

Pensem bem: a riqueza não protege ninguém da raiva. Nem a educação, por mais talentosa e inteligente que a pessoa seja. A lei, muito menos, pode ser de qualquer ajuda. E a fama é inútil. Só a proteção interior do autocontrole paciente evita que experimentemos o tumulto das emoções e pensamentos negativos.

O aprimoramento da paciência requer a presença de alguém que deliberadamente nos faça mal. Esse tipo de pessoa nos dá a chance de praticarmos a tolerância.

Nossa força interior é posta à prova com mais intensidade do que aquela de que nosso guia espiritual seria capaz.

Em essência, o exercício da paciência nos protege da perda da confiança.

A mente humana é simultaneamente a fonte e, se orientada de forma apropriada, a solução de todos os nossos problemas.

Os que adquirem grande erudição mas não têm bom coração correm o risco de ser atormentados por ansiedades e inquietações que resultam de desejos que não podem ser realizados.

Inversamente, a compreensão genuína dos valores espirituais tem o efeito oposto.

A compaixão é, por natureza, gentil, pacífica e delicada, embora também seja muito poderosa.

Aqueles que perdem facilmente a paciência são inseguros e instáveis.

Portanto, para mim, ser dominado pela raiva é um sinal de fraqueza.

Quando educamos nossas crianças para adquirirem conhecimentos sem compaixão, é muito provável que sua atitude com os outros venha a ser uma combinação de inveja daqueles que ocupam posições superiores às suas, competitividade agressiva para com seus pares e desdém pelos menos afortunados, o que leva a uma propensão para a ganância, para a presunção, para os excessos e, muito rapidamente, para a perda da felicidade.

Conhecimento é importante. Muito mais importante, porém, é o uso que fazemos dele. Isso depende da mente e do coração de quem o faz.

Educação é muito mais do que transmitir conhecimentos e habilidades por meio dos quais se atingem objetivos limitados. É também abrir os olhos das crianças para as necessidades e direitos dos outros.

Precisamos mostrar às crianças que suas ações têm uma dimensão universal e encontrar uma forma de estimular seus sentimentos naturais de empatia para que venham a ter uma noção de responsabilidade afetiva em relação aos outros.

É isso que nos motiva a agir.

Se tivéssemos de escolher entre conhecimento e virtude, a última seria sem dúvida a melhor escolha, pois é mais valiosa.

O bom coração que é fruto da virtude é por si só um grande benefício para a humanidade.

O mero conhecimento, não.

Possuir um bom coração é tão importante quanto proveitoso.

Imagine uma família pequena, mesmo sem crianças: caso seus membros se tratem com carinho, cria-se uma atmosfera de paz.

Se, porém, um deles se aborrece, o ambiente fica pesado e não adianta a comida estar gostosa ou o aparelho de TV ser de última geração: lá se vão a paz e a tranqüilidade.

Na verdade, tudo depende mais de nosso espírito do que dos bens materiais.

É muito triste que uma pessoa nunca tenha encontrado alguém que a amasse.

Se essa pessoa pudesse conhecer pelo menos uma outra que lhe dedicasse amor incondicional – a pura combinação de aceitação e compaixão –, ou se pudesse sentir-se objeto de afeição e amor, isso teria grande impacto e extremo valor para ela.

Dentro de todos nós existe uma boa semente pronta para despertar e amadurecer em decorrência das demonstrações de amor.

A atmosfera em que uma criança vive seu dia-a-dia e que é percebida por ela é um dos elementos mais importantes para determinar se sua vida será bem-sucedida.

Em uma família em que existe amor e compaixão, as crianças serão adultos mais felizes e realizados.

Sem amor, toda a sua vida futura corre o risco de ser estragada, arruinada.

O afeto tem, portanto, influência decisiva no desenvolvimento das crianças.

Compaixão e amor não são artigos de luxo. Como origem da paz interior e exterior, são fundamentais para a sobrevivência de nossa espécie.

Por um lado, são a não-violência em ação. Por outro, são a fonte de todas as qualidades espirituais: a capacidade de perdão, a tolerância e todas as demais virtudes.

Além disso, são o que de fato dá sentido às nossas atividades e as torna construtivas.

Minha esperança é que você, leitor, se sensibilize com o que está escrito aqui, procure ser compassivo em seu dia-a-dia e, movido pela noção de responsabilidade pelos outros, faça o possível para ajudá-los. Mesmo com pequenos gestos.

De acordo com seus próprios recursos e reconhecendo as limitações de suas circunstâncias, você deve fazer o que puder.

Se em alguns dias suas ações forem mais compassivas do que em outros, aceite este fato como normal.

Não importa com quem estejamos, sempre pensamos algo parecido com: "Sou mais forte do que ele", "Sou mais bonita do que ela", "Sou mais inteligente", "Sou mais rico", "Sou mais bem qualificado", e assim por diante, o que gera um excesso de orgulho.

Não há nada pior. Precisamos, isto sim, praticar a humildade.

Até mesmo quando estamos ajudando os outros e praticando obras de caridade, não devemos pensar em nós mesmos com altivez, como nobres protetores dos fracos.

A sociedade moderna certamente não confere à humildade a posição de importância que ela ocupava no Tibet quando eu era jovem.

Naquela época, nossa cultura e o natural respeito à humildade praticado por nosso povo criaram uma atmosfera propícia em que essa virtude floresceu, enquanto a ambição (que se deve distinguir da aspiração inteiramente legítima de obter êxito em tarefas construtivas e benéficas) era vista como uma característica que leva com facilidade a um modo de pensar egocêntrico.

No entanto, na vida contemporânea, a humildade é mais importante do que nunca.

Ser objeto de elogios não traz nada de concreto: não atrai sorte para as pessoas nem as faz viver por mais tempo.

Ainda assim, muitas pessoas investem grandes quantias e até mesmo enganam os próprios amigos na busca de prestígio. Não pode haver estupidez maior.

Na verdade, prestígio e fama são de pouca valia nessa vida e na vida futura não servem para nada.

Ficar feliz por ser famoso ou infeliz por ser criticado não tem qualquer sentido.

O ideal é que se tenha muita coragem e força, mas sem se vangloriar de tais qualidades ou alardeá-las. Para, em tempos de crise, mostrar-se à altura da situação, lutando com bravura pelo que é certo.

"Carma" é uma palavra do sânscrito que significa "ação". Designa uma força ativa, no sentido de que o resultado dos acontecimentos futuros pode ser influenciado por nossas ações. Supor que carma é uma espécie de energia independente que predestina o curso de toda a nossa vida é incorreto.

Quem cria o carma? Nós mesmos. O que pensamos, dizemos, fazemos, desejamos e omitimos cria o carma.

Não podemos, portanto, sacudir os ombros sempre que nos defrontamos com o sofrimento inevitável.

Dizer que todo o infortúnio é mero resultado do carma equivale a dizer que somos totalmente impotentes diante da vida. Se isso fosse verdade, não haveria motivo para se ter qualquer esperança.

Cada um de nós tende a ser condescendente consigo mesmo. Olhamos para nós mesmos com benevolência.

Se alguma coisa de ruim acontece conosco, sempre temos a propensão de atribuir a culpa aos outros, ao destino, ao diabo ou a Deus.

Dessa forma nos recusamos a penetrar em nosso interior, contrariando a recomendação de Buda.

Quando somos capazes de reconhecer e perdoar atitudes impensadas que tivemos em nosso passado, nós nos fortalecemos e ficamos mais preparados para dar soluções construtivas aos problemas do presente.

A felicidade é sempre um resultado da atividade criativa.

Nas circunstâncias atuais, ninguém pode se dar ao luxo de acreditar que seus problemas vão ser solucionados pelos outros.

Cada indivíduo tem a responsabilidade de ajudar a levar nossa família global para o rumo certo.

Ter boa vontade não é suficiente, é preciso nos envolvermos de forma ativa.

Estamos todos aqui neste planeta, por assim dizer, como turistas. Nenhum de nós pode morar aqui para sempre. O maior tempo que podemos ficar são aproximadamente 100 anos.

Sendo assim, enquanto estamos aqui, deveríamos procurar ter um bom coração e fazer de nossas vidas algo de positivo e útil.

Quer vivamos poucos anos ou um século inteiro, seria lamentável e triste passar este tempo agravando os problemas que afligem as outras pessoas, os animais e o ambiente.

O mais importante de tudo é ser uma boa pessoa.

Faça um esforço para considerar transitórias todas as circunstâncias adversas e inquietações. Como ondulações na água de um lago, elas surgem e logo desaparecem.

À medida que nossas vidas são carmicamente condicionadas, caracterizam-se por infindáveis ciclos de problemas.

Um problema aparece e passa, e logo em seguida surge outro.

Havia dois monges: um professor e seu aluno. Para incentivar o aluno, o professor disse:

– Um dia desses, vamos sair e fazer um piquenique.

Mas, alguns dias depois, aquilo já estava esquecido. O aluno lembrou ao professor a promessa, mas o professor respondeu que estava ocupado demais naquele momento para fazer piqueniques.

Passou-se muito tempo, e nada de piquenique.

Quando o aluno mencionou o assunto uma segunda vez, o professor repetiu que estava muito ocupado. Um dia, o aluno viu um defunto sendo levado e, quando o professor lhe perguntou o que estava acontecendo, ele respondeu:

– Aquele pobre coitado está indo para um piquenique!

Portanto, a menos que você reserve um tempo específico para os compromissos que assume, sempre terá outras obrigações que acabarão ocupando esse tempo.

Quando alguém nasce rico ou adquire riqueza por qualquer outro meio, tem uma formidável oportunidade para beneficiar os outros.

Que desperdício quando tal oportunidade é esbanjada com extravagâncias para satisfazer os próprios desejos!

As boas qualidades humanas – honestidade, sinceridade e um bom coração – não podem ser compradas com dinheiro e nem produzidas por máquinas ou mesmo através da mente.

São o que chamamos de luz interior.

Tanto a escravidão quanto a verdadeira liberdade estão associadas aos vários estágios de um espírito iluminado e lúcido.

Através das várias técnicas de meditação, seus praticantes tentam alcançar um estado em que a iluminação e a lucidez – características primordiais do espírito – se manifestem em toda a sua grandeza.

A felicidade é uma prerrogativa do homem. Ele a busca e todos têm o mesmo direito de querer conquistá-la. Ninguém procura a infelicidade. A justiça e a igualdade são também direitos do homem.

A prática desses princípios deve decorrer do altruísmo, sem qualquer influência nociva dos meandros do poder e da riqueza.

Para desenvolver esse princípio altruísta de forma a permitir que justiça e paz coexistam, é preciso, antes de tudo, criar para a sociedade um sustentáculo moral inabalável.

As indagações fundamentais da existência humana – tais como por que estamos aqui, para onde vamos – produziram respostas diversas em diferentes tradições filosóficas.

Mas é indiscutível que um coração generoso e ações íntegras levam a uma paz maior.

É igualmente claro que seus opostos têm conseqüências indesejáveis.

A felicidade provém de causas virtuosas. Se a desejamos de fato, não há outro meio de proceder a não ser pela virtude: ela é o caminho pelo qual se alcança a felicidade.

E podemos acrescentar que a base da virtude, o solo onde estão suas raízes, é a disciplina ética.

Constato que, de modo geral, as pessoas cuja conduta é eticamente positiva são mais felizes e satisfeitas do que aquelas que se descuidam da ética.

Isso confirma minha convicção de que, se pudermos reorientar nossos pensamentos e emoções e reordenar nosso comportamento, não só aprenderemos a lidar mais facilmente com o sofrimento como, acima de tudo, seremos também capazes de impedir o surgimento de uma porção significativa dele.

Pouco importa se somos crentes ou agnósticos, se cremos em Deus ou no carma.

A ética moral é um preceito que todos somos capazes de seguir. Precisamos de certas qualidades, como senso moral, piedade e humildade.

Devido à própria fragilidade humana, só adquirimos tais qualidades com um trabalho de desenvolvimento individual em um ambiente social favorável, o que é indispensável para que este nosso mundo seja mais generoso.

Os políticos precisam muito da religião, mais até do que um ermitão em isolamento.

Se um ermitão pratica o mal, o único a sair ferido é ele mesmo.

Mas, se uma pessoa que detém o poder de influenciar diretamente o destino da sociedade age por mal, então o prejuízo será grande, porque atingirá muitas pessoas.

O poder da mídia, seja ele exercido de forma direta ou indireta, é verdadeiramente um poder: ele atua sobre nós, modifica nosso comportamento, nossos gostos e, provavelmente, até nossos pensamentos.

Como qualquer manifestação de autoridade, não pode ser aplicado de forma aleatória, pois corre o risco de se tornar arbitrário e irresponsável.

Tal poder obriga os profissionais da mídia a assumirem um grau de responsabilidade comparável àquele exercido por religiosos e políticos.

A seu próprio modo, contribuem para a criação e manutenção de uma comunidade humana.

O bem-estar dessa comunidade deve ser sua maior preocupação.

Quando os meios de comunicação se concentram demasiadamente nos aspectos negativos da natureza humana, há o perigo de nos persuadirem de que a violência e a agressividade são as principais características do homem. Creio que essa conclusão é um equívoco.

O fato de a violência ter tanto valor como notícia sugere exatamente o oposto. As notícias positivas não chamam atenção, porque há um excesso delas.

Há, sem dúvida, muitos atos de violência sendo cometidos ao mesmo tempo, mas em número muito menor que os de bondade.

Se a espécie humana fosse intrinsecamente agressiva, teríamos nascido com garras e dentes afiados – mas os nossos são pequenos, bonitos e muito frágeis!

Tudo isto significa que não temos a aparelhagem básica para agirmos como seres agressivos. Até mesmo nossa boca é bem pequena.

Em vista disso, acredito que a natureza básica da espécie humana deva ser pacífica.

Uma pessoa educada só se tornará nobre quando colocar em prática tudo o que tiver aprendido, e não apenas utilizando-se de palavras.

Se seu coração é aberto e sincero, você naturalmente se sente satisfeito e confiante, e não tem nenhuma razão para sentir medo dos outros.

Se você aprofunda sua prática espiritual dando ênfase à sabedoria e à compaixão, torna-se cada vez mais sensível à dor de seus semelhantes e desenvolve a capacidade de reconhecer o sofrimento alheio, de reagir a ele e de sentir uma profunda compaixão, em vez de apatia ou impotência.

A bondade é a pedra angular da paz e da harmonia familiar.

As famílias que estão no exílio precisam ensinar essa virtude a seus filhos. Elas devem ser o primeiro guia espiritual das crianças.

Quando ajudamos aqueles que estão passando por grandes sofrimentos e, a certa altura, nos sentimos estafados, exaustos e desanimados, é melhor, para o bem de todos, que nos afastemos e recuperemos as forças.

O importante é manter uma perspectiva de longo prazo.

Quando falamos a respeito de violência, precisamos compreender que nos referimos a um fenômeno cujo resultado quase sempre é imprevisível.

Mesmo quando a motivação daquele que realiza um ato de violência é pura e positiva, é muito difícil prever as conseqüências da violência quando usada como um meio.

Por esse motivo, é sempre melhor evitar uma situação que possa exigir meios violentos.

Contudo, tolerância e paciência não implicam submissão ou omissão diante da injustiça.

Diante do sofrimento alheio, não reaja com superioridade ou arrogância.

Cultivar a sabedoria ajuda-nos a evitar esses descaminhos.

É difícil, porém, generalizar sobre esses princípios, pois cada ser humano possui seu próprio grau de coragem e de paciência.

É necessário desenvolver a paciência, mas a impaciência também pode ser produtiva em atividades como fazer limpeza ou caminhar.

Em decorrência desse tipo de impaciência, o ser humano se transforma numa mulher ou num homem de ação.

Porém, quando se trata de problemas graves, a paciência é fundamental.

Aquele que possui dentro de si uma grande reserva de paciência e de tolerância tem um certo grau de tranqüilidade e calma em sua vida.

Alguém assim não só é feliz e mais estável emocionalmente como em geral tem mais saúde física e é menos vulnerável a doenças.

Uma pessoa assim tem vontade forte, bom apetite e dorme com a consciência tranqüila.

Praticamente todos nós recebemos de nossas mães as lições básicas sobre como viver em paz, pois a necessidade do amor é o próprio fundamento da existência humana.

Desde os primeiros estágios de nosso crescimento, somos completamente dependentes dos cuidados maternos, e é muito importante que as mães demonstrem seu amor aos filhos.

Se as crianças não recebem a devida atenção, em geral, quando adultas, têm dificuldade de amar seus semelhantes.

Como temos naturalmente a compaixão em nós e é necessário que este sentimento se manifeste, devemos despertá-la.

A violência contra uma pessoa inocente, por exemplo, pode nos indignar, escandalizar e, desta forma, ajudar-nos a descobrir a compaixão.

Até a exibição constante de violência pela televisão pode servir para manter-nos em estado de alerta.

Entretanto, é muito perigoso quando a exposição excessiva à violência acaba nos levando à indiferença.

Portanto, um dos pontos cruciais de nossos ensinamentos é como chegar ao desprendimento sem cair na indiferença.

Se adotarmos um estilo de vida autocentrado, em que tentamos usar os outros em nosso próprio benefício, talvez consigamos alguma vantagem temporária, mas a longo prazo não teremos sucesso em conquistar a felicidade.

Os inimigos externos não são permanentes. Se lhes mostrarmos respeito, eles se tornarão nossos amigos.

Mas o inimigo interno é um eterno adversário a quem nunca devemos ceder. Ele mora em nossos corações.

Não podemos transformar todos os maus pensamentos em nossos amigos, mas precisamos confrontá-los e controlá-los.

A verdadeira compaixão é uma reação motivada principalmente pela emoção e também um compromisso definitivo apoiado na razão.

Assim, uma conduta verdadeiramente misericordiosa para com os outros não se altera nem mesmo quando os outros se comportam mal.

É praticando a compaixão sem limites que uma pessoa desenvolve o sentimento de responsabilidade pelos semelhantes, o desejo de ajudá-los a superar de forma eficaz seus sofrimentos.

Nosso estado de espírito desempenha papel importante não apenas nos acontecimentos do cotidiano, mas em nossa saúde física e espiritual.

Se uma pessoa é de temperamento calmo e estável, essas características influenciam sua opinião e sua conduta em relação ao semelhante.

Não tenho a menor dúvida de que, se o ser humano mantiver um estado de espírito pacificador e sereno, os acontecimentos externos poderão lhe causar, no máximo, aborrecimentos sem importância.

Quando somos pacientes, coisas que normalmente consideraríamos muito dolorosas acabam não parecendo tão ruins.

Ao contrário, quando não existe a tolerância paciente, até as menores contrariedades parecem insuportáveis.

Tudo depende de nossa atitude diante dos fatos.

Às vezes, damos uma impressão de dinamismo ao dizermos alguma coisa.

Outras vezes, damos uma impressão igualmente significativa ao permanecermos em silêncio.

Tento tratar qualquer pessoa que conheço como se fosse um velho amigo.

Isso me traz uma experiência de genuína felicidade. É a prática da compaixão.

A raiva e o ódio são os nossos reais inimigos. São as forças que precisamos confrontar e vencer, não os "inimigos" temporários que aparecem intermitentemente em nossas vidas.

A sociedade industrial moderna às vezes me dá a impressão de ser uma imensa máquina autopropulsionada.

Em vez de os seres humanos acionarem a máquina, cada indivíduo torna-se um pequeno componente insignificante sem outra opção a não ser mover-se quando a máquina se move.

O que gera essa situação é a retórica contemporânea de crescimento e desenvolvimento econômico que reforça intensamente a tendência das pessoas à competitividade e à inveja. E com isso vem a percepção da necessidade de manter as aparências – por si só uma importante fonte de problemas, tensões e infelicidade.

A meu ver, criamos uma sociedade em que as pessoas acham cada vez mais difícil demonstrar um mínimo de afeto aos outros.

Em vez da noção de comunidade e da sensação de se fazer parte de um grupo, uma característica que achamos tão reconfortante nas sociedades menos afluentes, encontramos um alto grau de solidão e perda de laços afetivos.

Apesar de milhares de pessoas viverem em grande proximidade, parece que muita gente, principalmente os idosos, não têm com quem falar, a não ser seus bichos de estimação.

De modo geral, encontrei muitas coisas admiráveis na sociedade ocidental. Em especial, admiro sua energia, sua criatividade e sua fome de conhecimento.

Por outro lado, diversas coisas na maneira de viver ocidental causam-me preocupação. Uma delas é o fato de as pessoas terem uma tendência a pensar em termos de "tudo ou nada" ou "isto ou aquilo", o que significa ignorar a interdependência e a relatividade das coisas.

Entre dois pontos de vista, costumam não levar em conta as posições intermediárias.

Descobri que o mais alto grau de paz interior decorre da prática do amor e da compaixão.

Quanto mais nos importamos com a felicidade de nossos semelhantes, maior o nosso próprio bem-estar.

Ao cultivarmos um sentimento profundo e carinhoso pelos outros, passamos automaticamente para um estado de serenidade.

Essa é a principal fonte da felicidade.

As lições ensinadas por um professor com uma motivação positiva (*kun long*), cujas palavras correspondem ao seu modo de agir, penetram mais fundo na mente do aluno. Sei disso por experiência própria.

Quando menino, era muito preguiçoso. Mas, se percebia afeição e dedicação em meus mestres, suas lições geralmente calavam mais fundo e com muito mais sucesso do que nos dias em que demonstravam aspereza ou insensibilidade.

Uma amizade pode ser construída em meio a raiva, brigas, inveja e competição? Acredito que não.

Somente a afeição nos traz grandes amigos.

Faça o melhor que puder, e faça-o de acordo com seu padrão interior próprio (ou consciência, se assim preferir), não para o conhecimento e avaliação de seus atos pela sociedade.

"Fazer o melhor" é apenas uma frase de poucas palavras, mas significa que, em todas as ocasiões de nossa vida diária, precisamos manter nossa mente sob controle, para mais tarde não nos arrependermos de nossos erros, mesmo que os outros nada saibam a respeito.

Agindo assim, estaremos fazendo o melhor.

Creio que, para enfrentar o desafio do próximo século, todos os homens terão de desenvolver uma noção mais ampla de responsabilidade universal.

Cada um de nós precisa aprender a trabalhar não apenas para si próprio, para sua família ou sua nação, mas para o benefício de toda a humanidade.

Já se foi o tempo em que podíamos pensar em termos de "minha nação" ou "meu país".

A responsabilidade universal é a verdadeira resposta para a questão da sobrevivência humana.

Grandes movimentos de cunho humanístico costumam nascer de iniciativas individuais.

Portanto, é o trabalho do indivíduo para o bem-estar comum que faz a diferença.

Sinto-me sempre muito alegre! Penso que isso seja o resultado de minhas práticas e de meu treinamento.

Em minha vida, perdi meu país e me vi obrigado a depender totalmente da boa vontade dos outros. Também perdi minha mãe e a maioria de meus mestres e gurus já faleceram, embora eu hoje tenha alguns novos gurus.

É claro que são incidentes trágicos, e sinto tristeza quando penso neles.

No entanto, não me sinto acabrunhado pela tristeza.

Velhos rostos familiares desaparecem, novos rostos surgem em minha vida, e ainda mantenho minha felicidade e paz de espírito.

A opressão nunca, em nenhum lugar, conseguiu suprimir nas pessoas o eterno desejo de viver em liberdade – liberdade para pensarem por si próprias, para agirem como acham que é melhor para o bem-estar comum e para viverem como seres humanos, não como robôs ou escravos.

Mesmo que os chineses deixem apenas cinzas em nossa terra sagrada, o Tibet renascerá dessas cinzas como um país livre, ainda que isso demore.

Nenhum poder imperialista jamais manteve outro povo sob domínio colonial por muito tempo.

Se uma pessoa sensata costuma refletir profundamente, é inevitável que respeite a justiça.

A valorização e o respeito pela justiça são inatos em todas as pessoas.

Nas crianças, encontramos o que é natural ao caráter do homem. À medida que crescem, porém, desenvolvem atitudes e condicionamentos errados.

Sinto muitas vezes que há mais veracidade e honestidade nas crianças pequenas do que nos adultos, e, no contato com elas, encontro muitas razões para confiar na coragem do ser humano e na natureza humana de modo geral.

Quando morremos, nada pode ser levado conosco, com exceção de nosso conhecimento espiritual e das sementes lançadas por nosso trabalho.

Dentro de menos de 50 anos, eu, Tenzin Gyatso, o monge budista, serei apenas uma lembrança.

Na verdade, é pouco provável que qualquer uma das pessoas que estejam agora lendo estas palavras possa estar viva daqui a 100 anos. O tempo passa inexoravelmente.

Quando cometemos erros, não podemos voltar os ponteiros do relógio para tentar outra vez. A única coisa que podemos fazer é usar bem o presente.

Então, quando nosso último dia chegar, poderemos olhar para trás e ver que tivemos vidas plenas, produtivas e significativas, o que nos trará algum conforto. Do contrário, a tristeza pode ser muito grande.

A escolha entre as duas opções cabe somente a nós.

A melhor maneira de ter certeza de que um dia nos aproximaremos da morte sem remorsos é agindo de maneira responsável e manifestando compaixão pelos outros no presente.

Como vimos, a compaixão é uma das coisas que mais dão sentido às nossas vidas. É a fonte de toda felicidade e alegria duradouras. É o alicerce de um bom coração, o coração daquele que age motivado pela vontade de ajudar os outros.

Por meio da bondade, da afeição, da honestidade, da verdade e da justiça para com todos os outros é que asseguramos nossos próprios benefícios. Essa não é uma questão para ser debatida com teorizações complicadas. É uma questão simples, de bom senso.

Por isso, podemos rejeitar tudo mais: religião, ideologia, toda a sabedoria recebida, mas não podemos deixar escapar a necessidade de amor e compaixão.

Uno minhas mãos e apelo a você, leitor, para que torne o resto de sua vida tão significativo quanto possível. Faça isso com a prática espiritual, se puder.

Como espero ter deixado claro, não há nada de misterioso nisso. Consiste apenas em agir levando os outros em consideração.

Se fizer isso com sinceridade e persistência, pouco a pouco, passo a passo, será capaz de reordenar seus hábitos e atitudes e pensar menos em seu pequeno mundo e mais nos interesses de todas as outras pessoas. E encontrará a paz e a felicidade.

Abandone a inveja, desapegue-se do desejo de sobrepujar os outros. Em vez disso, tente fazer bem a eles.

Com bondade e gentileza, com coragem e confiando que assim terá sucesso de fato, recebaos com um sorriso.

Seja franco e honesto. E tente ser imparcial.

Trate todos como se fossem amigos muito próximos. Não digo isso como Dalai-Lama ou como alguém que tenha poderes ou talentos especiais. Não os tenho. Falo como um ser humano, alguém que, como você, quer ser feliz e não sofrer.

A geração mais velha de seres humanos na qual me incluo, está se preparando para se despedir deste mundo.

Os jovens são responsáveis pelo futuro.

Sendo assim, jovens, por favor, assumam sua responsabilidade: lembrem-se de seu potencial, e tenham confiança em si mesmos, a mente aberta, a capacidade de se preocupar com a humanidade e a consciência de fazer parte dela.

O frescor e a força da juventude não podem esmorecer. É preciso que vocês conservem o entusiasmo.

Tal como a terra, que eu possa servir de apoio a seres tão numerosos quanto o céu é vasto. E, se eles não tiverem ainda atingido o estágio da iluminação, que eu possa dedicar-me inteiramente à sua felicidade.

INFORMAÇÕES SOBRE OS PRÓXIMOS LANÇAMENTOS

Para receber informações sobre os lançamentos da EDITORA SEXTANTE, basta enviar um e-mail para atendimento@esextante.com.br ou cadastrar-se diretamente no site www.sextante.com.br

Para saber mais sobre nossos títulos e autores, e enviar seus comentários sobre este livro, visite o nosso site: www.sextante.com.br

EDITORA SEXTANTE
Rua Voluntários da Pátria, 45 / 1.404 – Botafogo
Rio de Janeiro – RJ – 22270-000 – Brasil
Telefone: (21) 2286-9944 – Fax: (21) 2286-9244
E-mail: atendimento@esextante.com.br